Louis Schäfer
Français et Allemands
Franzosen und Deutsche

AF198425

Wer sich rühmen kann, Vater von fünf Halbfranzosen zu sein, dem gebührt, auch wenn er deutscher Herkunft ist, dank seiner «Verdienste um die Republik» ein französischer Pass. Auf diese Weise geadelt, verbrachte Louis Schäfer viele Jahre in Frankreich – nun wirft er einen liebevoll ironischen Blick auf die Nachbarn beiderseits des Rheins und nimmt, nicht immer politiquement correct, Eigenheiten und Vorlieben, Ansichten und Gewohnheiten ihrer Vertreter unter die Lupe.

Louis Schäfer, im Rheinland geboren, Theologe, Volkswirt, Germanist, arbeitete als Leiter einer Sprachenschule, als Buchhalter sowie als Lehrer für Wirtschaft und Geschichte, Latein und Griechisch im deutschen und französischen Sprachraum. Derzeit lebt Louis Schäfer in Berlin.

Français et Allemands

Franzosen und Deutsche

von Louis Schäfer

dtv

Originalausgabe 2013
5. Auflage 2023
dtv Verlagsgesellschaft mbH & Co. KG, München
Umschlagkonzept: Balk & Brumshagen
Umschlagbild: Julia Jonas
Satz: Greiner & Reichel, Köln
Druck und Bindung: Druckerei C.H.Beck, Nördlingen
Printed in Germany · ISBN 978-3-423-09513-6

Ce livre nous débarrassera enfin
de vieux préjugés, en confirmera d'autres,
mais en créera surtout de nouveaux !

Dieses Buch räumt endlich mit alten
Vorurteilen auf, es wird manche bestätigen,
aber vor allem neue schaffen !

LA LETTRE « H »

Le « H » est une lettre très particulière.
Elle est pratiquement imprononçable en français
(le « h » aspiré est un désagréable moment d'étouffement).

Si, en tant que Français, vous devez, ou même
désirez apprendre une autre langue, commencez par
la prononciation internationale* du « H » :

Cela libère les voies respiratoires,
fait baisser la tension artérielle,
calme les nerfs,
soigne la dépression et
facilite la méditation.

Ça vous fera du bien.

* la française exceptée

DER BUCHSTABE «H»

Das « H » ist ein ganz spezieller Buchstabe.
Er ist im Französischen so gut wie nicht auszusprechen
(das « angehauchte ‹ h › » ist ein Erstickungsmoment).

Falls Sie als Franzose einmal eine andere Sprache
lernen müssen oder gar wollen, beginnen Sie mit der
internationalen* Aussprache des « H » :

Es befreit die Atemwege,
senkt den Blutdruck,
beruhigt die Nerven,
lindert die Depression und
fördert die Meditation.

Es wird Ihnen gut tun.

---

* der französischen ausgenommen.
  Es gibt übrigens Vokalkombinationen, bei denen auch Franzosen ausatmen
  müssen, z. B.: « huile » (Öl), « oui » (ja), « ouais » (jau).

LES PETITS-ENFANTS DE CHARLEMAGNE

À vrai dire les Français et les Allemands
se ressemblent plus qu'on ne le pense :
Chacun des deux croit que l'autre est
bien mieux loti, et que les Anglais sont fous.

DIE ENKEL KARL DES GROSSEN

Eigentlich sind sich Franzosen und Deutsche
ähnlicher als man meint:
Beide glauben, dem anderen ginge es wesentlich
besser und die Engländer seien verrückt.

BOTANIQUE

Quand je me promène dans un jardin botanique
avec des Allemands, ils admirent la nature comme
une œuvre d'art dans un musée.

Quand je m'y promène avec des Français, ils se de-
mandent sans cesse si ce qu'ils voient est comestible.

BOTANIK

Wenn ich mit Deutschen durch einen botanischen
Garten spaziere, betrachten sie die Natur wie Kunst-
werke in einem Museum.

Gehe ich dort mit Franzosen spazieren, fragen sie sich
immer wieder, ob das, was sie sehen, auch essbar sei.

SINGULARITÉS
(Pour les Français)

Rome

Deutsch: Rom wurde nicht an einem Tag erbaut.

English: Rome wasn't built in a day.

Français: Paris ne s'est pas fait en un jour.

Eiffelturm um 1887

EIGENHEITEN
(Für Deutsche)

Kommt Ihnen das bekannt vor ?

Paul Valéry :
La faiblesse de la force est
de ne croire qu'à la force.

Die Schwäche der Stärke besteht darin,
nur an die Stärke zu glauben.

Voltaire :
Les injures atroces n'ont jamais fait de tort
qu'à ceux qui les ont dites.

Die fürchterlichsten Beleidigungen haben letztlich
immer nur die getroffen, die sie ausgesprochen haben.

… et ce n'était là que la lettre V !
… und das war nur der Buchstabe V !

LE QUOTIDIEN

Le Français vit dans deux mondes différents :
Il défend son bifteck et prend des vacances.

Et ceci jour pour jour.

ALLTAG

Der Franzose lebt in zwei verschiedenen Welten:
Er kämpft wie ein Wilder ums Überleben und macht Urlaub.

Und das Tag für Tag.

Le Français ne reconnaît qu'une seule loi de la nature : sa langue.

Il s'y meut comme dans un jardin.

Cette langue exerce un tel pouvoir d'attraction qu'elle attire à elle tout ce qui se trouve dans son environnement. Chaque nouvel objet sera baptisé d'un joli nom, et sera prudemment exposé, pour ensuite faire l'objet d'une question au jeu télévisé quotidien.

Das ist schön*.

Ce paradis (linguistique) est étranger à l'Allemand. Sa langue à lui contient tout, telle la main qui saisit une pierre : toute la matière, le monde, et enfin, Dieu.

Et cela ne plaît pas du tout à Dieu.

---

* français : C'est beau

FRANZÖSISCH UND DEUTSCH

Der Franzose erkennt nur ein Naturgesetz an : seine
Sprache.
Darin bewegt er sich wie in einem Garten.
Diese Sprache besitzt eine solche Anziehungskraft,
dass alles in ihrem Umfeld von ihr angezogen wird.
Jedes neue Ding erhält einen schönen Namen, wird
behutsam ausgestellt und im täglichen Fernsehquiz
abgefragt.
Das ist schön.*

Dem Deutschen ist ein solches Paradies fremd.
Wie die Hand einen Stein, so umfasst die Sprache
des Deutschen alles : jedes Ding, die Welt und
schließlich sogar Gott.

Und das gefällt Gott überhaupt nicht.

---

* Auf diesen Satz beschränkten sich die Deutschkenntnisse Jacques Chiracs.

La Belgique n'est pas française. On y parle français.
C'est pareil en Suisse. Les deux états sont les restes
du grand empire lorrain situé entre la France et l'Allemagne et qui s'étendait de la Mer du Nord jusqu'à
la Méditerranée. Une formation naturelle et internationale comme presque partout dans le monde.
Le monde entier?

Cet empire était garanti par Charles Quint empereur
d'Europe de 1520 à 1556, duc de Franche-Comté et par
conséquent chef de cet empire séparant la France de
l'Allemagne.

Aujourd'hui il aurait un passeport français.

Le grand Musée Lorrain de Nancy expose l'âge de
pierre au sous-sol et l'histoire française de Lorraine
à partir du XVIIIe siècle au rez-de-chaussée – c'était
toujours le cas à la fin du XXe siècle* !

---

* août 1996

Belgien ist nicht französisch. Man spricht dort Französisch.
Ebenso wie in der Schweiz. Beide Staaten sind die
Relikte des großen lothringischen Reiches zwischen
dem Ostfränkischen und dem Westfränkischen Reich,
das sich von der Nordsee bis zum Mittelmeer er-
streckte. Ein natürliches multinationales Gebilde wie
fast überall auf der Welt. Auf der ganzen Welt?

Dieses Großreich hat Karl V., Kaiser Europas von 1520 bis
1556, Herzog der Franche-Comté und damit Chef eben dieses
Reiches zwischen Deutschland und Frankreich, zusammen-
gehalten.

Heute hätte er einen französischen Pass.

Noch im 20. Jahrhundert* führte das große lothringische
Museum für Geschichte in Nancy im Keller die Steinzeit
und ab Parterre die französische Geschichte Lothringens
ab dem 18. Jahrhundert.

---

* August 1996

Les enfants d'immigrés apprennent volontiers une langue étrangère supplémentaire, puisqu'ils ne la connaissent pas encore.

Les enfants français apprennent à contre-cœur la langue « plus facile » – pour avoir de « bonnes notes ». L'aide à l'orientation des lycées ne suit qu'une seule trajectoire dictée par les parents : « de meilleures notes ».

CQFD* : Moins on apprend, plus les notes sont bonnes.

* Ce qu'il fallait démontrer

Die Kinder von Immigranten lernen gerne eine
weitere Fremdsprache, weil sie diese ja noch nicht
können.
Französische Kinder lernen widerwillig die sogenannte « einfachere » um « gute Noten » zu bekommen.
Die « Orientierungshilfe » der Lycées folgt immer
nur der eindimensionalen Richtschnur der Eltern :
« bessere Noten » !
QED*: Je weniger man lernt, desto besser die Noten !

* Quod erat demonstrandum

Allez donc jeter un coup d'œil à Louis XX et Georges
Frédéric de Prusse sur internet :
Quels beaux garçons !
Tout ce qui nous reste à faire, c'est de porter un
regard jaloux de l'autre côté de la Manche.

THRONERBEN

Schauen Sie doch mal im Internet unter Louis XX.
und Georg Friedrich von Preußen nach:
Was das für schöne Jungs sind!
Da kann man nur einen neidischen Blick über den
Kanal werfen.

Il s'agit d'un terme économique, qui n'est utilisé de manière courante qu'en France :

De manière générale on a le sentiment que le pouvoir d'achat est nettement plus élevé en Allemagne qu'en France, disons autour de 30 pour cent.

En France on fait la distinction entre les super-, les giga-, méga- et les hypermarchés.

On appelle les Aldi, Lidl etc. les « discounts », de l'anglais discount (= rabais). C'est du moins de cette manière que les Allemands le prononceraient s'ils se servaient de ce mot.

En France, les discounts sont souvent vides.

En Allemagne on trouve les Aldi, Lidl etc, et par ailleurs les supermarchés. Ces derniers ne font pas partie de la catégorie des discounts, et s'appellent seulement supermarchés, même s'ils sont très grands. On en trouve surtout dans les petites villes ou les quartiers tranquilles avec une grande proportion de retraités. Dans les grandes villes il existe des discounts de la taille d'entrepôts logistiques, et quand vous traversez un parking, vous arrivez sur le parking d'un autre discount qui porte éventuellement le même nom.

En Allemagne, les discounts sont très souvent pleins.

Voilà.

KAUFKRAFT

Hierbei handelt sich um einen wirtschaftswissenschaftlichen Fachbegriff, der umgangssprachlich nur in Frankreich Verwendung findet:
Allgemein wird angenommen, dass die Kaufkraft in Deutschland wesentlich höher ist, als in Frankreich; man vermutet so um die 30 Prozent.
In Frankreich unterscheidet man zwischen Super-, Giga-, Mega- und Hypermärkten.
Aldi, Lidl u. ä. nennt man «discount» vom Englischen discount (= Rabatt), so würden es die Deutschen wenigstens aussprechen, wenn sie das Wort dafür benützen würden.
In Frankreich sind diese Discountläden meistens leer.
In Deutschland gibt es Lidl, Aldi u. ä. – und eben Supermärkte. Diese zählen nicht zu den Discountläden und heißen einfach nur Supermarkt, auch wenn sie sehr groß sein sollten. Man findet sie vorwiegend in kleineren Orten und verschlafenen Nestern mit hohem Rentneranteil.
In Großstädten finden Sie Discountmärkte groß wie Logistikhallen, und wenn Sie den Parkplatz überqueren, kommen Sie auf den Parkplatz eines zweiten, der eventuell genauso heißt.
In Deutschland sind sie meistens voll.

Voilà!

Le nationalisme fut inventé par Louis XIV pour consolider son royaume hétérogène grâce à une idée unitariste.

Aussi profitable que cette idée puisse être (pour les dirigeants) dans les pays plurinationaux, dans des pays mononationaux tels que l'Allemagne, l'Italie ou le Japon ce médicament agit comme chez une personne en bonne santé :

il mène à l'ivresse.

En tout cas, pour toutes les parties impliquées, il est très utile que les États reconnaissent l'autonomie de leurs groupes ethniques : les États sont rappelés à leur devoir, et les régions obtiennent plus de droits.

Der Nationalismus wurde von Ludwig XIV. erfunden, um sein heterogenes Reich mit Hilfe einer einheitsstiftenden Idee zu konsolidieren.

Wie vorteilhaft (für Herrscher) eine solche Ideologie in plurinationalen Ländern auch eingesetzt werden kann, in mononationalen Staaten wie Deutschland, Italien oder Japan wirkt dieses Medikament wie bei einem Gesunden:

Es führt zum Rausch.

In jedem Falle ist es für alle Beteiligten sehr hilfreich, wenn Staaten die Eigenständigkeit ihrer Volksgruppen anerkennen: Die Staaten werden in die Pflicht genommen und die Regionen erhalten Rechte.

ne s'est imposée en Allemagne qu'au cours
de la Première Guerre mondiale contre la France,
car seule la moitié des Allemands étaient des
Prussiens protestants.

Donc un demi-millénaire après Jeanne d'Arc.

NATIONALBEWUSSTSEIN

hat sich in Deutschland erst mit dem Ersten Weltkrieg gegen Frankreich durchgesetzt, denn nur etwa
die Hälfte der Deutschen waren protestantische
Preußen.

Also ein halbes Jahrtausend nach Jeanne d'Arc.

[SANS]

Jeanne d'Arc (1412 − 1431 = 19)
la France ne serait même pas une république.

[OHNE]

Johanna von Orléans (1412 – 1431 = 19)
wäre Frankreich heute nicht einmal Republik.

Quand je suis venu en France, j'ai voulu être comptable. J'adore la comptabilité.
Or, en habitant à La Réunion, j'avais travaillé quelques années pour l'Éducation nationale en tant que professeur d'allemand et de latin. Du coup j'étais anobli.
Bien entendu, j'avais postulé pour un poste de comptable, mais l'ANPE voulait à tout prix me formater.
Après plusieurs mois de recherches, une agence de recrutement privée m'a proposé un poste de professeur d'histoire à l'Education nationale.

Nota bene pour les Français : Il est tout à fait possible, en tant que comptable, d'acquérir le Prix Nobel d'Économie.

STANDESBEWUSSTSEIN

Als ich nach Frankreich kam, wollte ich als Buchhalter
arbeiten. Ich liebe Buchhaltung.
Nun hatte ich auf Réunion einige Jahre als Deutsch-
und Lateinlehrer in einer staatlichen Schule gewirkt.
Daher war ich geadelt.
Obwohl ich mich ausdrücklich als Buchhalter bewarb,
wollte mich die staatliche Arbeitsvermittlung mittels
eines Seminars umerziehen; eine private Arbeitsvermittlung bot mir nach Monaten eine Stelle als Ge-
schichtslehrer an einer staatlichen Schule an.

Nota bena für die Franzosen: Es ist durchaus möglich, als
Buchhalter mit dem Wirtschaftsnobelpreis ausgezeichnet
zu werden.

MANIPULATION GÉNÉTIQUE

En Allemagne cela concerne les cyclopes et les centaures, en France les petits pois et les carottes.

GENMANIPULATION

In Deutschland betrifft das Zyklopen und Zentauren,
in Frankreich Erbsen und Möhren.

LA BIÈRE
(en France)

Il n'y a pas qu'en Alsace que l'on en boit en grande
quantité, mais aussi au pays des Ch'ti, et ce pour une
raison simple :
La région Nord-Pas-de-Calais avec ses quatre millions d'habitants est la fusion des anciennes provinces
de Flandres et d'Artois. C'est la région la plus peu-
plée après l'Ile de France et elle a pour symbole le
lion flamand. Au sud, Berck (à la prononciation peu
commune avec son « ck » à la fin) représente l'eldorado balnéaire du Nord et marque la frontière de cette
région.
La tireuse nous appâte avec ses spécialités alsaciennes,
mais aussi avec l'Artois belge. Entre-temps a été mise
sur le marché une bière forte et amère, la Cht'i. Les
deux ne correspondent pas tout à fait au goût de la Pils
allemande.
Jadis, on écumait la mousse avec une sorte de peigne
édenté, pour la mettre dans le verre suivant.

BIER
(in Frankreich)

Nicht nur im Elsass, sondern gerade auch im Land der
Cht'i wird es en masse konsumiert. Das hat einen ein-
fachen Grund:
Die Region Nord-Pas-de-Calais mit ihren vier Millionen
Einwohnern ist ein Zusammenschluss der ehemaligen
Provinzen Flandern und Artois. Sie ist nach Groß-Paris
die bevölkerungsreichste Region und führt in ihrem Wappen
den flämischen Löwen. Die Grenze im Süden markiert das
für französische Ohren ungewohnt auszusprechende Berck
(mit hörbarem « ck » am Ende), Eldorado des nordfranzösi-
schen und Pariser Badetourismus.
Im Zapfhahn lockt neben den elsässischen Spezialitäten
das berühmte belgische Artois. Mittlerweile gibt es
auch ein starkes, bitteres Cht'i. Beide Biere entsprechen
nicht unbedingt dem deutschen Pilsgeschmack.
Früher strich man die überstehende Schaumkrone mit
einer Art zahnlosem Kamm ab und schob sie ins nächste
zu füllende Glas.

LA BIÈRE
(en Allemagne)

En Allemagne on se soûle à la bière.
Il y a trente ans, en allant au bar, dans la « Kneipe »,
on buvait cinq bières* si on avait encore des projets
pour la soirée, dix bières si on allait se coucher après,
et vingt bières ou plus, si on voulait passer une
bonne soirée, sachant que l'alcool est également un
aphrodisiaque …
Aujourd'hui la bière coûte au moins trois fois plus
cher, et les parlementaires sont les seuls à pouvoir
assurer le programme traditionnel, d'autant plus
qu'ils ont des chauffeurs.

---

* Jadis, on servait une bière normale dans un verre de 20 cl,
  une grande dans un verre de 40cl – sauf en Bavière.

BIER
(in Deutschland)

In Deutschland besäuft man sich mit Bier.
Vor dreißig Jahren noch ging man abends in die Kneipe
und trank fünf Glas Bier*, wenn man anschließend noch
etwas vorhatte, zehn Glas Bier, wenn man nur noch ins
Bett gehen, und zwanzig Glas Bier oder mehr, wenn man
sich einen schönen Abend machen wollte; außerdem hat
Alkohol auch eine aphrodisische Wirkung ...
Heute kostet das Bier mindestens dreimal soviel und
das traditionelle Programm wird regelmäßig nur noch
von Parlamentsabgeordneten bewältigt, zumal die ja
auch einen Chauffeur zur Verfügung haben.

---

* Damals wurde, außer in Bayern, ein normales Bier im 0,2 l Glas,
ein großes im 0,4 l Glas serviert.

L'ASSURANCE-VIE

C'est le dada favori des Allemands, s'ils en ont les moyens. C'est cher, après tout. Il s'agit d'une affaire sado-maso subventionnée par l'Etat, puisqu'on ne touche la somme entière qu'une fois l'assuré décédé; pendant la durée minimale de trente ans il est quasi-impossible de percevoir quoi que ce soit – ou seulement avec des retenues exorbitantes. C'est ainsi que l'Etat force les citoyens à avoir de bonnes retraites.
En cas de besoin, on peut bien entendu les revendre.
Les sociétés d'assurance-vie se forment en Allemagne dès le XIXe siècle.
En France les grandes banques ne vendent que des pseudo assurances-vie à leurs clients, tout au plus des plans épargne déguisés, qui ne servent qu'à contourner le Livret A saturé.
En Allemagne ce sont les grandes sociétés d'assurance-vie qui prêtent aux banques.

Sie ist des Deutschen liebstes Steckenpferd, wenn er sich's leisten kann. Immerhin kostet es einiges. Das Ganze ist eine staatlich geförderte sadomasochistische Angelegenheit, denn nur im Todesfall gibt's die Versicherungssumme komplett; vor Ablauf der mindestens dreißigjährigen Laufzeit kommen Sie an ihr Geld gar nicht ran – oder nur mit unverhältnismäßig hohen Abzügen. So zwingt der Staat die Bürger zu höheren Renten.

In Notfällen kann man sie natürlich weiterverkaufen.

Schon Ende des 19. Jahrhunderts bildeten sich in Deutschland Lebensversicherungsgesellschaften.

In Frankreich verkaufen etablierte Banken ihren Kunden sogenannte Lebensversicherungen, allenfalls verdeckte Sparanlagen, die nur das volle *Livret A**umgehen sollen.

In Deutschland leihen etablierte Lebensversicherungsgesellschaften den Banken Geld.

---

* Das französische Sparbuch: Es kann nur eines pro Person geben! Maximum: 15 000 Euro. Den Rest geben Sie in «Lebensversicherungen», die Sie jederzeit wieder ungestraft abrufen können.

Le Français vit dans un dualisme permanent.
Les drogues sont mauvaises – bien qu'elles soient utilisées par les anesthésistes, et que les Françaises soient
championnes dans la consommation de psychotropes.
Imaginez que les voitures aient la même réputation
détestable. Sans arrêt on dirait : freiner ! Non pas
conduire une voiture, mais freiner une voiture.
Le jour où le jeune conducteur découvrirait qu'il
existe une pédale d'accélérateur … il se mettrait à détester la campagne dite anti-drogue.
L'homme vit constamment avec la comparaison pour/
contre. Pourquoi l'état français retombe-t-il toujours
dans la même idéologie unidimensionnelle ?
L'héroïne équivaut-elle au cannabis,
le whisky à la bière ?

DROGEN

Der Franzose lebt im ständigen Dualismus.
Drogen sind schlecht. Auch wenn sie legal in der Anästhe-
sie eingesetzt werden oder die Damen der Nation Weltmeister im Einnehmen von Psychopharmaka sind.
Stellen Sie sich vor, Autos stünden in demselben schlech-
ten Ruf. Dann hieße es immer nur: bremsen. Nicht: Auto
fahren, sondern: Auto bremsen.
Wenn jetzt ein Jugendlicher zum ersten Mal erlebt, dass
man auch Gas geben kann … wird er die sogenannte Anti-
drogenaufklärung persönlich verachten.
Der Mensch lebt ständig im Abwägen von pro und kontra.
Warum fällt die französische Staatsräson immer wieder in
die eindimensionale Ideologie?
Ist Heroin gleich Haschisch,
Whisky gleich Bier?

Le français est probablement la seule langue que l'on
parle à l'envers : bonjo*uuuu*r !
Les autres langues mettent généralement l'accent tonique sur la première syllabe, comme dans L*o*ndon,
cu*a*nta c*o*sta, R*o*ma, v*o*dka,
mais : Par*i*s, Camemb*e*rt, Ge*we*hr etc.
D'un point de vue technique on parle d'un accent sur
l'avant-dernière syllabe au lieu de la dernière comme
en français. Ceci n'est cependant pas tout à fait correct.
Historiquement, les Français aussi mettaient l'accent
tonique sur l'avant-dernière syllabe, jusqu'à ce qu'il
y ait eu quelque poète français célèbre qui jugeât bon,
en accord avec un roi sage, que le « e » de la fin d'un
mot ne soit utilisé que pour faire la liaison entre deux
mots, ou en tant qu'appendice poétique. C'est ainsi
que l'avant-dernière syllabe se transforme en syllabe
ultime en langage courant, et que les étrangers croient
assister à la conversation de deux nobles coqs.*
Cela devient surtout dramatique pour les élèves français à l'étranger. Je connais très peu de « pédagogues »
qui révèleraient ce phénomène linguistique. L'élève
français que l'on contraint à partir à l'étranger pour la
première fois se retrouve comme dans un aquarium :
comme il a l'habitude de tout entendre à l'envers' il
ne comprend rien du tout au début de son séjour.
Pire : il accroche un « e » muet à la fin des mots anglais
et allemands !

---

* Pour la plupart des Barbares, la langue française est la plus belle
langue du monde !

Französisch ist wohl die einzige Sprache, die man rückwärts spricht: bonj*ouuu*r!
Die anderen Sprachen legen im allgemeinen die Betonung auf die erste Silbe wie etwa bei L*o*ndon, cu*a*nta
c*o*sta, R*o*ma, v*o*dka,
aber P*a*ris, Camemb*e*rt, Gew*e*hr etc.
Technisch spricht man von der Betonung auf der vorletzten
Silbe statt wie im Französischen auf der letzten. Das ist
aber nicht ganz richtig:
Sprachgeschichtlich betrachtet, betonen auch die Franzosen
auf der vorletzten Silbe, nur hat wohl irgendein berühmter
französischer Dichter im Einverständnis mit einem weisen
König es für schön befunden, dass man das Endungs-e
allenfalls in der Bindung zweier Worte oder als poetische
Endsilbe nutzt. So wird die vorletzte Silbe im normalen
Sprachgebrauch zur letzten und für Ausländer hört es sich
wie die Unterredung vornehmer Hähne an.*
Dramatisch ist dies vor allem für französische Schüler
im Ausland. Ich kenne kaum einen «Pädagogen», der
auf dieses sprachwissenschaftlich bekannte Phänomen
aufmerksam macht. Der französische Schüler, der erst-
mals ins Ausland vertrieben wird, kommt sich vor wie in
einem Aquarium: Weil er gewohnt ist, «rückwärts» zu
hören, versteht er anfangs eben gar nichts.
Schlimmer noch:
Er hängt auch an englische oder deutsche Wörter ein
stimmloses «e» an!

---

* Französisch gilt für die meisten Barbaren als die schönste Sprache der
Welt!

sont une forme de littérature française en France.
Que ce soit à l'école ou à la formation pour adultes,
chaque étape du processus de solution doit être com-
mentée par écrit.

Cela fait que même les élèves qui sont nuls en maths
ont la chance d'avoir la moyenne rien qu'en expli-
quant un processus mathématique.

A l'inverse, des matheux peuvent rater leur épreuve
s'ils ne font que résoudre le problème et présenter la
solution.

Le plus important, c'est toujours « le bon français » !

En Allemagne comme en Angleterre, on dit d'un bon
poète ou musicien qu'il est également bon mathématicien.

En France les élèves me disent que bien sûr il sont
nuls en maths, puisque ce sont des littéraires, ou
inversement. Un bon poète se doit d'être pauvre,
puisqu'il ne sait pas gérer un compte en banque. Pour
la plupart des Français, cette logique est implacable !

Quel est l'unique moment où le prof de maths et
le prof de français se parlent* ?

---

* Dans la réunion syndicale.

MATHEMATIK

ist in Frankreich eine Form der französischen Literatur.
Ob in der Schule oder in der Erwachsenenbildung, jeder
Schritt des mathematischen Lösungsprozesses muss schrift-
lich kommentiert werden.
Das führt dazu, dass selbst Schüler, die in Mathe eine
Null sind, die Chance erhalten, eine Durchschnittsnote zu
bekommen, auch wenn sie den Rechenschritt nur sprach-
lich auszudrücken vermögen.
Umgekehrt können Mathegenies durchfallen, wenn sie
das Problem «nur» ausrechnen und die Lösung präsentieren.
Gutes Französisch zählt immer mehr!
In Deutschland oder England sagt man, ein guter Dichter
oder Musiker sei auch ein guter Mathematiker.
In Frankreich sagen mir die Schüler, dass sie in Mathematik naturgemäß schlecht sein müssen, weil sie ja Literaten
seien, oder eben umgekehrt, ein guter Dichter müsse eben
arm sein, weil er kein Bankkonto führen könne. Für die
meisten Franzosen ist diese «Logik» selbstverständlich!

Wann spricht ein Französischlehrer ausnahmsweise
mit einem Mathematiklehrer?*

* Auf der Gewerkschaftsversammlung.

47

Le soleil et la lune existent dans les deux pays, toutefois, en Allemagne, *die Sonne* (le soleil) est une femme et *der Mond* (la lune) un homme : « L'homme de la lune ». Il fut non seulement visité par les Frères Lumière mais aussi par le baron de Munchhausen. Ce dernier s'occupa surtout de son épouse, Madame Luna.

Sonne und Mond gibt es in beiden Ländern, allerdings ist *le soleil* (die Sonne) in Deutschland eine Frau und *la lune* (der Mond) ein Mann: «Der Mann im Mond». Er wurde nicht nur von den Brüdern Lumière sondern auch vom Lügenbaron Münchhausen besucht. Letzterer kümmerte sich vor allem um dessen Gattin, Frau Luna.

sont une denrée rare en Allemagne. Après le baby-boom des années soixante vint la pilule contraceptive dans les années soixante-dix – à partir de ce moment on n'a plus jamais remonté la pente.

L'ancienne RDA, non seulement championne olympique pendant des décennies, était également championne du monde pour le taux négatif en matière de reproduction. L'une des rares habitudes que les Allemands de l'Ouest ont repris des Allemands de l'Est. Chez les Français c'est exactement le contraire, ce qui est peut-être lié aux lits plus étroits : un mètre quarante de large contre deux mètres vingt en Allemagne.

Exercice de mathématiques pour collégiens :

L'abscisse : ligne du temps jusqu'à 2050 ; axe des ordonnées : habitants en millions. Fonction : croissance de la population en Allemagne et en France. Lors de la rencontre des deux graphes (appelons-la simplement « fusion ») la France aura autant de députés européens que l'Allemagne.*

---

* La France s'imposera définitivement comme plus grand pays de l'Union, dépassant toujours l'Ukraine, la Turquie et la Russie.

sind in Deutschland Mangelware. Nach dem sogenannten Babyboom der sechziger Jahre kam der Pillenknick – und von da an ging es nie wieder aufwärts.

Die alte DDR war jahrzehntelang nicht nur olympischer Rekordmeister, sondern ebenso Weltmeister in der Negativbilanz der Nettoreproduktionsrate. Eine der wenigen Verhaltensweisen, welche die West- von den Ostdeutschen übernommen haben.

Genau umgekehrt ist es bei den Franzosen; vielleicht hängt das mit den sehr viel schmaleren Betten zusammen: im Durchschnitt nur eine Breite von einem Meter vierzig gegenüber zwei Meter zwanzig (mit Besucherritze).

Mathematische Übung für Mittelstufenschüler: x-Achse: Zeitlinie bis 2050; y-Achse: Einwohner in Millionen. Funktion: Bevölkerungswachstum in Deutschland und Frankreich.

Beim Zusammenstoß beider Graphen (nennen wir es doch einfach « Verschmelzung ») bekommt Frankreich genauso viele Europaabgeordnete wie Deutschland.[*]

---

[*] Frankreich setzt sich als größtes Land der Union endgültig durch und lässt dabei die Ukraine, die Türkei und Russland außen vor.

Quand vous déménagez d'une ville allemande à une autre, et que vous changez de banque, vous remettez votre ancienne carte bancaire à votre nouvelle banque, ainsi vous obtiendrez un ou plusieurs nouveaux comptes à des conditions comparables. Les virements et prélèvements automatiques seront transférés. Les anciens comptes seront clôturés par votre nouvelle banque, indépendamment du fait que votre nouvelle banque fasse partie ou non du même réseau que l'ancienne.

Si vous ne déménagez pas, si vous en avez simplement marre de votre banque, vous pouvez procéder exactement de la même manière avec une nouvelle banque dans la même ville.

Si vous déménagez d'une ville française dans une autre, et que vous osez même changer de région (!), vous apprendrez bien vite que le « Crédit Actuel de Normandie » ne partage avec le « Crédit Actuel de Provence » que le nom. C'est ainsi que vous aurez affaire à un gentil employé de la banque qui vous demandera, sans pression aucune, où exactement vous avez caché votre butin, pour vous proposer, également sans pression aucune, de vous instaurer un petit découvert autorisé de 1000 € maximum.

Ceci vient peut-être du fait que le « Einwohnermeldeamt » n'existe pas en tant que tel en France (voir plus loin).

Wenn Sie innerhalb Deutschlands in eine andere Stadt
ziehen, geben Sie Ihre alte Euroscheckkarte in der
neuen Bank am neuen Ort ab, und Sie erhalten ein oder
mehrere neue Konten zu vergleichbaren Konditionen.
Daueraufträge und Lastschriften werden umgeschrie-
ben, die alten Konten automatisch über die neue Bank
gekündigt. Dabei ist es völlig egal, ob die neue Bank
mit der alten auf irgendeine Weise verbunden ist oder
nicht.
Wenn Sie gar nicht umziehen wollen, aber von ihrer
alten Bank die Nase voll haben, tun Sie dasselbe mit
einer neuen Bank am gleichen Ort.
Wenn Sie in Frankreich in eine andere Stadt ziehen
und es sogar wagen, dabei die Region zu wechseln,
werden Sie erfahren, dass der «Crédit Actuel» der
Normandie mit demjenigen der Provence allenfalls
den Namen gemein hat. So kommt es dazu, dass Sie
von einem freundlichen Bankbeamten dazu eingeladen werden, ihm zwanglos auszuplaudern, wo sich
genau Ihr Schatz befindet, damit Sie ebenso zwanglos
einen neuen Überziehungskredit in Höhe von maxi-
mal 1000.- Euro erhalten.

Vielleicht liegt es einfach daran, dass es in Frankreich
kein Einwohnermeldeamt gibt (s. dort).

BERLINOIS ET PARISIENS

Les berlinois sont des beignets frits, fourrés à la confiture d'abricot.

Les parisiens ce sont des capotes anglaises !

Berliner sind frittierte Teigtaschen, gefüllt mit Aprikosen-
marmelade.

Pariser sind «capotes anglaises» … !

J. F. Kennedy en 1963 à Berlin: «Ich bin ein Berliner!»
A droite le maire de Berlin: à l'époque Willy Brandt.
© ddp images

LES ALPES

Il y a
les Alpes suisses
les Alpes italiennes
les Alpes françaises
les Alpes allemandes
les Alpes autrichiennes
et
les Alpes du Liechtenstein.

Mais les plus hauts sommets se
trouvent dans les Alpes françaises* !

* Mont-Blanc (4810 m)

DIE ALPEN

Es gibt
deutsche Alpen
Schweizer Alpen
italienische Alpen
französische Alpen
österreichische Alpen
und
liechtensteinische Alpen.

Aber die allerhöchsten Gipfel
gibt es in den französischen Alpen!

Un chanteur de rock américain reconnu, dont j'ai oublié le nom, a dit un jour que l'Angleterre et la France ne sont séparées que de trente kilomètres par la Manche. Mais qu'en réalité ce sont des années lumière.

Transposer cette observation à la relation franco-allemande serait une bêtise, puisque premièrement Sarrebruck (D) et Sarreguemines (F) ne sont séparés que de quinze kilomètres, et puis c'est effrayant de voir comment les deux parties s'efforcent d'accentuer leurs différences pour surtout ne pas mettre en avant leur parenté.

Mais il suffit de quelques bouteilles, et toutes les occasions sont bonnes pour s'embrasser – comme chez les Russes.

Ein bekannter amerikanischer Rocksänger, dessen
Name mir leider entfallen ist, hat einmal gesagt, dass
England und Frankreich nur dreißig Kilometer Kanal
trennen, sie aber in Wirklichkeit Lichtjahre voneinan-
der entfernt sind.

Diese Beobachtung auf das deutsch-französische Verhältnis zu übertragen, wäre blanker Unsinn, denn erstens liegen
Saarbrücken (D) und Saargemünd (F) nur fünfzehn Kilometer auseinander, und dann ist es erschreckend mit an-
zusehen, wie sehr beide Seiten ständig darum bemüht sind,
sich bis zur Unkenntlichkeit zu verkleiden, damit bloß nicht
auffällt, wie sehr sie miteinander verwandt sind.

Doch schon nach wenigen Flaschen ist jede Gelegenheit
willkommen, um sich in die Arme zu fallen – wie die
Russen.

L'Allemagne est une démocratie parlementaire, la France est une démocratie présidentielle.

Cela constitue une différence.

En France comme aux Etats-Unis et en Russie, le peuple élit son Président, et il est ensuite directement responsable de son choix.

En Allemagne, en Angleterre et en Italie, le peuple ne vote que pour la composition du parlement, et le parlement élit le chancelier ou le Premier Ministre qui à son tour désigne ensuite le gouvernement. Le chef de l'État (historiquement toujours) dépossédé de son pouvoir est soit monarque ou alors président représentatif. Concernant ce dernier, le peuple hésite toujours un instant pour se souvenir de son existence. Nombreux sont les pays qui pour des raisons financières se passent complètement de chef d'état, comme l'Australie ou le Canada, et lui préfèrent la reine d'Angleterre. Au moins ça fait joli.

Toutes deux ont des avantages et des inconvénients :

Les présidents indépendants sont souverains. Le gouvernement leur appartient de fait. Ils font face au Parlement comme les vieux monarques.

Les chefs de l'État élus et contrôlés par le parlement sont tout d'abords des politiciens de parti, et généralement le chef du parti en personne.

C'étaient là les inconvénients.

Deutschland ist eine parlamentarische Demokratie, Frankreich eine Präsidialdemokratie.

Das ist ein Unterschied.

In Frankreich wie in den USA und in Russland wählt das Volk seinen Präsidenten und ist dann auch für seine Wahl verantwortlich.

In Deutschland, England und in Italien wählt das Volk nur sein Parlament – und das Parlament bestimmt den Kanzler oder Ministerpräsidenten und der wiederum die Regierung. Der (geschichtlich immer) entmachtete Staatschef ist entweder ein Monarch oder ein Repräsentationspräsident. Bei letzterem braucht das eigene Volk immer wieder längere Überlegungszeit, um sich daran zu erinnern, wer es denn nun gerade ist. Viele Länder, so wie Australien oder Kanada, verzichten aus Kostengründen ganz auf einen eigenen und übernehmen die englische Königin. Sieht immer besser aus.

Beides hat Vor- und Nachteile:

Unabhängige Präsidenten sind souverän. Die Regierung gehört faktisch ihnen. Dem Parlament stehen sie gegenüber wie die alten Monarchen.

Vom Parlament gewählte (und kontrollierte) Regierungschefs sind erst einmal Parteipolitiker, normalerweise der Parteichef in Person.

Das waren die Nachteile.

PRÉJUGÉS ?

« Les Allemands se comportent comme des porcs en France »

« Les Français en Allemagne ont raté la dernière sortie d'autoroute en Alsace »

VORURTEILE?

«Deutsche benehmen sich in Frankreich wie die Schweine.»

«Franzosen in Deutschland haben im Elsass die letzte Ausfahrt verpasst.»

LES GOÛTS

Les Allemands adorent la cuisine française.

Les Français dévorent la pizza.

GESCHMÄCKER

Die Deutschen vergöttern die französische Küche.

Die Franzosen verschlingen Pizza.

MAUVAISES LANGUES

Les mauvaises langues prétendent que le jardin d'enfants est terminé après le bac, que l'enseignement ne commence qu'à l'université, et que seule l'École Normale Supérieure enseigne la réflexion autonome.

Ceci est faux bien entendu; c'est précisément à l'École Normale Supérieure que se fait l'apprentissage de contenus.

BÖSE ZUNGEN

Böse Zungen behaupten, der Kindergarten ende in Frankreich mit dem Abitur, Lehrinhalte würden erst an der Universität erworben, und nur an der École Normale Supérieure* lerne man selbständiges Denken.

Das ist natürlich Unsinn, denn gerade an der École Normale Supérieure erwirbt man Lehrinhalte!

---

* französische Eliteschule nach dem Abitur für Präsidenten und Bürokraten

LA RÉPUBLIQUE

Le Français est très fier de son sens des réalités et de son doigté. Mais qu'en est-il de son rapport à la république?

Avant la Grande Guerre la seule république en Europe digne d'être citée était la française. Ensuite nous avons tout importé : les drapeaux au lieu des blasons, l'hymne national au lieu de la chanson d'anniversaire et une constitution en plus du Code Napoléon. Nous avions déjà le parlementarisme sous la monarchie.

Et pensez-vous que les gens remarquent quelque chose? Pour eux un état en vaut un autre – tant qu'il fonctionne.

Le terme de «républicain» n'a de sens qu'en France et aux Etats-Unis. Ailleurs il fait penser à un personnage théâtral portant un haut-de-forme, ou encore à un personnage historique. – À moins que la révolution ne redevienne d'actualité dans une monarchie.

Der Franzose ist ausgesprochen stolz auf seinen Realitäts-
sinn und sein Fingerspitzengefühl, – aber wie ist sein
Verhältnis zur Republik?
Vor dem Ersten Weltkrieg gab es in Europa eigentlich nur
die französische Republik. Anschließend haben wir das alles
importiert: Nationalflagge statt Familienwappen, National-
hymne statt Geburtstagslieder und Verfassung zum Gesetz-
buch. Den Parlamentarismus hatten wir ja schon zuzeiten
der Monarchie.
Und meinen Sie, den Leuten fiele dabei etwas auf? Für die
ist doch Staat einfach gleich Staat – solange er funktio-
niert.
Der Begriff «Republikaner» hat einen konkreten Inhalt nur
in Frankreich und Amerika. Andernorts assoziiert man damit
allenfalls eine Bühnenfigur mit Zylinder oder eine histori-
sche Persönlichkeit – es sei denn, in einer Monarchie findet
gerade eine Revolution statt.

L'EXISTENTIALISME

Je m'incline devant les existentialistes du XXe siècle.
Ils on dû se battre contre les bourgeois et les fascistes
qui avaient enlevé leur dieu pour l'assassiner.

EXISTENTIALISMUS

Ich verbeuge mich vor den Existentialisten des 20. Jahrhunderts. Sie mussten kämpfen, weil Bourgeois und Faschisten ihren Gott geraubt hatten, um ihn umzubringen.

NOËL

Dans la plupart des pays occidentaux, on fête Noël
deux jours consécutifs : le 25 et le 26 décembre.
Souvent, on distribue les cadeaux la veille,
le 24 décembre.

Français, réveillonnez-vous !

WEIHNACHTEN

In den meisten westlichen Ländern wird Weihnachten
an zwei aufeinanderfolgenden Feiertagen begangen*,
am 25. und am 26. Dezember. Häufig gibt es dort die
Geschenke schon an Heiligabend (am 24. Dezember).

Franzosen erwachet!**

---

*   Frankreich kennt nur einen Weihnachtsfeiertag
** Wortspiel: *Le réveillon* = der Vorabend hoher Feiertage; *se réveiller* = auf-
    wachen, erwachen

CIGARETTES

Pourquoi les conducteurs de poids-lourds allemands qui se rendent en Afrique du Nord emportent-ils toujours la même cartouche entamée de Gauloises?

Parce que les Arabes ne fument que des Marlboro.

ZIGARETTEN

Warum nehmen deutsche LKW-Fahrer, die nach Nordafrika unterwegs sind, immer dieselbe angebrochene Stange Gauloises mit?

Weil die Araber nur Marlboro rauchen.

Le café allemand porte des noms abjects comme «doux nuage», «grain moelleux» ou encore «sélection onctueuse». Malheureusement, ces noms reflètent exactement le goût de ces cafés.

Il ne sont surpassés que par le café anglais, ou pire, américain.

Le même principe vaut pour chaque expérience gustative: moins on touche au nerf gustatif, plus le régal est «pur».

C'est à l'âge tendre de quinze ans que je suis venu en France pour la première fois, seul, dans le cadre d'un échange scolaire. Au petit déjeuner, mon hôte s'est emparé du thermos de deux litres et a versé une bonne dose de café Arabica, préparé des jours à l'avance, dans une casserole bosselée. Il l'a fait chauffer jusqu'à ébullition sur une flamme à gaz, en a rempli mon bol à moitié, l'autre moitié avec du lait entier. J'en ai pris une grande gorgée et j'ai pris conscience pour la première fois de ma vie de l'existence de la muqueuse révoltée de mon estomac.

Pris de pitié, mon hôte a sorti de la poche de son bleu de travail un paquet de Gauloises sans filtre. J'ai accepté, mal en point mais fier. Après la deuxième bouffée pourtant – je n'avais pas réussi à avaler la première – la douleur a diminué comme les vagues qui se perdent dans l'océan. Ce mélange était parfait.

KAFFEE

Der deutsche Kaffee trägt so abstoßende Namen wie
« weiche Wolke », « sanfte Bohne », « milde Sorte ».
Nicht nur, dass er so heißt; er schmeckt auch so.
Er wird nur von englischem oder besser noch ame-
rikanischem Kaffee übertroffen.
Dasselbe gilt für jeden Gaumengenuss schlechthin:
Je weniger der Geschmacksnerv getroffen wird, desto
« reiner » ist es.

Als ich im zarten Alter von fünfzehn Jahren im Rahmen
eines Schüleraustauschs zum ersten Male allein in Frankreich war, nahm mein Gastgeber zum Frühstück eine
Zweiliter-Vorratskanne mit Tage zuvor vorgekochtem
Arabica-Kaffee und kippte einen ordentlichen Schuss in
einen verbeulten Blechpott. Er kochte den Inhalt auf einer
Gasflamme hoch, bis er Blasen schlug. Damit füllte er
meinen Bol* zur Hälfte, den Rest mit fetter Kuhmilch. Ich
trank einen großen Schluck und fühlte zum ersten Male in
meinem jungen Leben meine Magenschleimhäute, jeden-
falls auf diese revoltierende Weise.
Mitleidig zog mein Gastgeber ein Päckchen filterlose
Gauloises aus der Tasche seiner blauen Arbeiterhose.
Gekrümmt aber stolz nahm ich an. Schon nach dem
zweiten Zug, den ersten konnte ich noch nicht inhalie-
ren, ebbte der Schmerz wohltuend ab. Diese Mischung
war perfekt.

* typisch französisches Trinkgefäß

Les Français perçoivent le journal télévisé allemand comme un compte rendu de militaires pour militaires : tout le monde affiche une mine affectée – les politiciens, les journalistes et la présentatrice. Le sourire est interdit.

Les Allemands perçoivent le journal télévisé français comme le grand show du samedi soir, riche en surprises. Surtout quand il y a des reportages concernant l'Allemagne, l'Angleterre ou les Etats-Unis.

DIE ABENDNACHRICHTEN

Franzosen empfinden die deutschen Nachrichten
wie eine Militärberichterstattung für Soldaten: Auf
jedem Gesicht derselbe betroffene Ausdruck – bei
Politikern, Reportern und der Ansagerin. Lächeln
verboten.

Deutsche empfinden die französischen Nachrichten
wie eine Samstagabendshow: Man wird immer wieder freundlich überrascht. Besonders bei Nachrichten*
aus Deutschland, England oder Amerika.

---

* Fakten, die man von diesen Ländern so nie erwarten würde, wenn man sie
  nicht gerade als Franzose erwartet.

DATIF ET ACCUSATIF

La question de savoir qui est le possesseur, ou la question de savoir où* se localise quelqu'un trouve sa réponse avec le datif. Celui-ci transmet un sentiment d'immobilisme, telle une constipation.
Le vestige français : lui et leur.

Ce chat lui appartient.
Ce chien leur appartient.

Quand vous demandez à une personne où* elle va, elle vous répondra par l'accusatif. Un sentiment de liberté et de mouvement. Celui-ci est également disponible en français, mais sans sentiments, puisque sans contraste.

* En allemand, il existe en effet deux mots interrogatifs différents exprimant le « où » français : « wo ? » (suivi d'une réponse au datif) ou alors « wohin ? » (suivi d'une réponse à l'accusatif).

DATIV UND AKKUSATIV

Die Frage nach dem Besitzer oder die Frage, wo jemand *ist*, beantworten Sie mit dem Dativ. Er vermittelt ein statisches Gefühl ähnlich der Verstopfung.

Überreste im Französischen: «lui» und «leur».

Diese Katze gehört ihm oder ihr.
Dieser Hund gehört ihnen.

Wenn Sie hingegen jemanden fragen, wohin* er *gehe*, antwortet er mit dem Akkusativ. Ein Gefühl von Freiheit und Bewegung. Auch im Französischen erhältlich, allerdings empfindungs- weil kontrastlos.

---

* Im Deutschen gibt es tatsächlich die je eigenen Fragewörter «wo?» (Antwort im Dativ) bzw. «wohin?» (Antwort im Akkusativ).

sont moralement proscrits en Allemagne, tout comme les séjours en hôpital psychiatrique.

En France, des publicités pour médicaments sans prescription trônent à l'entrée des pharmacies.

Et puis, certains pharmaciens ici ne m'inspirent pas vraiment confiance …

PSYCHOPHARMAKA

sind in Deutschland ebenso verpönt wie ein Aufenthalt
in der psychiatrischen Klinik.
In Frankreich prangt die Drogenwerbung im Apotheken-
eingang.
Und ich weiß nicht, aber zu so manchen Apothekern
hier fehlt mir das rechte Vertrauen.

La première chose qui frappe l'étranger en France,
c'est la foi universelle dans l'Etat.

De haut en bas on appelle cela « République ». De bas
en haut, c'est l'expérience de la monarchie à l'ancienne.

ETATISMUS

Das erste, was einem Ausländer in Frankreich auffällt,
ist diese allumfassende Staatsgläubigkeit.

Von oben nach unten nennt man das « Republik », von unten
nach oben erlebt man die alte Monarchie.

En Allemagne il existe trois types de structures scolaires :
Après les quatre années d'école élémentaire, les élèves
auront le « choix » entre
six années d'école secondaire appelée « Hauptschule »,
six années d'école secondaire appelée « Realschule »,
huit années d'école secondaire appelée « Gymnasium ».
En bref :
la première est pour les ouvriers,
la deuxième est pour les employés,
la troisième est en priorité pour les futurs « académiciens ».
Il est bien entendu préférable d'avoir un bon diplôme
scolaire. Ainsi, il existe même de nombreux petits
fonctionnaires ayant le baccalauréat !
Ce système scolaire est la cible de critiques pas seulement au niveau international (OCDE) à cause de
l'orientation précoce des élèves, qui au moment de
choisir, n'ont que neuf ou dix ans.
En France, la solution à ce problème est radicalement
égalitaire :
Grâce au collège qui regroupe tous les élèves pendant
quatre ans, tous les élèves deviennent médecin, no-
taire, avocat, ou au moins prof.
Malheureusement, il existe toujours des élèves qui
s'y refusent …

Das deutsche Schulsystem ist dreigliedrig:
Nach der vierjährigen Grundschulzeit* haben die
Schüler die «Wahl» zwischen
Hauptschule, sechs Jahre,
Realschule, sechs Jahre,
Gymnasium, acht oder neun Jahre.
Kurz:
Die erste ist für Arbeiter,
die zweite für Angestellte bis mittlere Beamte,
die dritte in erster Linie für künftige Akademiker.
Es ist natürlich immer besser, einen höheren Ab-
schluss zu haben; so gibt es auch einfache Beamte mit
Abitur!
Dieses Schulsystem wird nicht nur auf internationaler
Ebene (OECD) wegen der frühzeitigen Orientierung
der immerhin erst neun oder zehn Jahre alten Kinder
kritisiert.
In Frankreich ist dieses Problem radikal egalitär ge-
löst:
Dank des vier Jahre dauernden Einheitscollège** werden alle Schüler Arzt, Notar oder Rechtsanwalt, zu-
mindest Lehrer.
Leider gibt es immer wieder welche, die sich weigern.

---

* Mittlerweile gibt es dank Föderalismus für alle Namen andere Formen
  und für alle Formen andere Namen.
** Klassen 6-9

DIFFÉRENCES DE CARACTÈRE

Les Allemands se plaignent.
Les Français râlent.

Qu'est-ce qui est plus efficace?

CHARAKTERUNTERSCHIEDE

Die Deutschen beklagen sich und
die Franzosen mosern.

Was ist wirksamer?

n'a pas autant d'importance en Allemagne qu'en France.
Les Allemands ont le carnaval.

STREIKS

sind in Deutschland nicht so wichtig wie in Frankreich.
Die Deutschen haben ja Karneval.

MÉTAPHYSIQUE

En Allemagne on prend des drogues pour s'en rap-
procher.
En France on bouffe des cachets pour s'en éloigner.

METAPHYSIK

In Deutschland nimmt man Drogen, um ihr näher-
zukommen,
In Frankreich frisst man Psychopharmaka, um sie
fernzuhalten.

À la différence de ce que veut nous faire croire le progressiste français, la République française n'est *pas* la mère de la République américaine.
En réalité, cette dernière a une avance d'à peu près une génération.
C'est ainsi que se pose la question paléontologique typique : Quel est le lien perdu entre les deux?

C'est la grande tête de Louis XVI.

La guerre d'indépendance des Etats-Unis se termina par le traité de Paris en 1783.
L'ennemi officiel de l'Angleterre était la France!

DIE MUTTER DER REPUBLIK

Anders, als uns der forsche französische Progressist
glauben machen will, ist die französische Republik
nicht die Mutter der amerikanischen Republik.
Wirklich nicht: Letztere lag *vor* der ersten und zwar
ungefähr eine Generation.
Damit stellt sich die typische paläontologische Frage:
Was ist das verlorene Bindeglied zwischen beiden?

Der große Kopf des Louis XVI.

*Der amerikanische Unabhängigkeitskrieg wurde 1783 mit
dem Vertrag von Paris beendet.
Offizieller Kriegsgegner Englands war Frankreich !*

TABOU

En France, « Dieu » est un sujet tabou,
et avec lui la mort et la vie,
l'argent et le pouvoir,
la douleur et la joie.
On n'en parle pas.
On ne parle que du système scolaire et de l'appareil
digestif :

« Ça marchait mieux avant, mais on vieillit :
La vie est une tragédie. »

TABU

In Frankreich ist Gott Tabu
und damit Tod und Leben,
Geld und Macht,
Schmerz und Freude.
Darüber spricht man nicht.
Man spricht nur über das Schulwesen und den Verdauungs-
trakt:

« Früher funktionierte er besser, aber man wird älter:
Das Leben ist eine Tragödie.»

CROYANCE ET SAVOIR

Il est très français de croire que l'homme est avant tout un être social, et c'est évidemment ce qui fait de la France le pays le plus attirant au monde.

Le fait que le Français sache en son for intérieur que cette croyance n'a aucune valeur à l'étranger, c'est ce qui fait de lui un prisonnier dans son propre pays.

Der genuin französische Glaube, dass der Mensch ein soziales Wesen sei, macht Frankreich zum attraktivsten Land der Welt.

Das heimliche Wissen, dass dieser Glaube im Ausland nichts wert ist, macht den Franzosen zum Gefangenen im eigenen Land.

DESCARTES

En Allemagne il trouve la foi en doutant.
En France, il renie tout simplement la foi.

DESCARTES

In Deutschland findet er den Glauben durch Zweifel.
In Frankreich schafft er den Glauben einfach ab.

En France, les fonctionnaires désirent la femme de leur collègue. En Allemagne, ils désirent la voiture de leur supérieur.

MOTIVATION

In Frankreich begehren Beamte die Frau ihres Kollegen,
in Deutschland den Wagen ihres Vorgesetzten.

La vie privée des politiciens allemands n'est guère
intéressante.
Nombreux sont les Allemands qui ne connaissent
même pas le nom du mari d'Angela Merkel (J. S.).

En France, c'est un peu différent : selon un consensus
socio-politique généralisé, la vie privée des politiques
français est taboue.
Seule leur vie sexuelle est publique.

Das Privatleben deutscher Politiker ist eher uninteres-
sant.
So kennen die meisten Deutschen nicht einmal den
Namen von Angela Merkels Mann (J. S.).

In Frankreich liegen die Dinge ein wenig anders : Nach einem
allumfassenden gesellschaftspolitischen Konsens ist das Privatleben französischer Politiker tabu.
Nur ihr Sexualleben ist öffentlich.

Les inventeurs du cinéma sont les Frères Lumière
(première : Paris 1895).
L'inventeur de la voiture est Joseph Cugnot (1725 – 1804).
L'inventeur de l'avion est Clément Ader (1841 – 1925).

Die Erfinder des Kinos sind die Brüder Skladanowski
(Erstaufführung: Berlin 1895).
Der Erfinder des Autos ist Carl Benz (1844–1929).
Der Erfinder des Flugzeugs ist Otto Lilienthal (1848–1896).

Avant et durant la guerre, les Allemands admiraient
Danielle Darrieux (*1917) et les Français
Marlène Dietrich (1901–1992).

Après la guerre, les deux peuples fantasmaient sur Romy
Schneider (1938–1982) qui avait épousé un Français, et
sur Brigitte Bardot (*1934) qui avait épousé un Allemand.

À l'âge de la mondialisation, seuls les initiés
connaissent les vedettes des voisins.

Vor und während des Krieges bewunderten die Deutschen
Danielle Darrieux (*1917) und die Franzosen
Marlene Dietrich (1901 – 1992).

Nach dem Krieg träumten beide Völker von Romy Schneider
(1938 – 1982), die einen Franzosen und Brigitte Bardot (*1934),
die einen Deutschen geheiratet hatte.

Seit der Globalisierung kennen nur noch wahre Cineasten
die Stars der Nachbarn.*

* Gérard Depardieu ist Russe.

PETIT DÉJEUNER

Les Français ont du mal à se faire au petit déjeuner allemand.
En revanche, en ce qui concerne les Allemands et le petit déjeuner français, ils en redemandent.

FRÜHSTÜCK

Das deutsche Frühstück ist für Franzosen
gewöhnungsbedürftig.
Dagegen wird das französische Frühstück von
den Deutschen doppelt und dreifach verlangt.

Quand je suis venu en France, l'Etat français a mis deux ans pour reconnaître mes diplômes allemands. Par la suite, j'ai pu devenir professeur.

De retour en Allemagne, mes diplômes allemands ne m'ont pas été utiles puisque je n'avais pas le « Staatsexamen » allemand. Ce n'est que la reconnaissance de mon activité de professeur dans un autre pays européen, dans lequel j'ai exercé grâce à mes diplômes allemands, qui m'a permis de devenir professeur remplaçant.

Si le français était aussi apprécié que les mathématiques ou la physique, j'aurais immédiatement obtenu un poste à plein temps.

Als ich nach Frankreich kam, benötigte der französische
Staat zwei Jahre, um meine deutschen Diplome anzuer-
kennen. Dann durfte ich Lehrer werden.
Zurück in Deutschland halfen mir die deutschen Diplome nicht weiter, da ich kein deutsches Staatsexamen hatte. Erst die Anerkennung meiner Lehrtätigkeit
im europäischen Ausland, die ich aufgrund meines
deutschen Diploms erhalten hatte, erlaubte mir hier
die Anstellung als Aushilfslehrer.
Wäre Französisch ebenso geschätzt wie Mathematik
oder Physik, hätte ich umgehend eine Vollzeitstelle
erhalten.

Le ‹Larousse› nous propose la définition suivante (!) :
« service municipal chargé de répertorier les arrivées
et les départs des habitants d'une ville (ou d'une com-
mune/note de l'auteur) ».

Was ist das ?*
Facile : Si vous déménagez, il vous faut signaler votre
nouvelle adresse à la mairie de votre nouvelle commune de résidence, et vous serez automatiquement
désinscrit de votre ancienne commune. Si vous omet-
tez cette formalité vous commettez une infraction et
serez automatiquement poursuivi.
Ceci vaut aussi pour les non-Allemands !
Au cas donc où vous n'auriez pas payé votre loyer, ou
encore seriez recherché par la police, appelé au service
militaire ou vous auriez fui vos enfants, et même si
vous aviez des dettes envers la banque – il n'y a pas
d'échappatoire !
Sauf dans un pays étranger.

En France, les criminels potentiels ont beau jeu :
Il suffit de souscrire un contrat de téléphonie mobile
grâce à une ancienne facture de téléphone, qui, en
France, tient lieu de justificatif de domicile.
Ensuite, il suffit de procéder à un changement
d'adresse via internet et le tour est joué : il ne reste
plus qu'à attendre un courrier de son opérateur
mobile à sa « nouvelle adresse » pour l'officialiser.

* Qu'est-ce que c'est ?

DAS EINWOHNERMELDEAMT

Der ‹Larousse› bietet folgende Erklärung an (!) :
«Kommunale Einrichtung, der es obliegt, Zuzug und
Fortzug der Einwohner einer Stadt (oder einer Ge-
meinde/Anm. des Autors) zu erfassen».

Was ist das?
Ganz einfach : Wenn Sie in Deutschland umziehen,
müssen Sie sich am neuen Ort im Rathaus anmel-
den und werden per Computer automatisch am alten
Ort abgemeldet. Tun Sie das nicht, begehen Sie eine
Ordnungswidrigkeit und werden automatisch ver-
folgt.
Das gilt auch für Nicht-Deutsche !
Sollten Sie also Ihre Miete nicht bezahlt haben,
polizeilich gesucht werden, zum Militär ein-
gezogen werden, vor Ihren Kindern weggelaufen
sein oder Schulden bei Ihrer Bank haben – keine
Chance !
Da hilft nur das Ausland.

In Frankreich hat der Kriminelle leichtes Spiel :
Er geht mit Hilfe einer älteren Telefonrechnung, die
nach französischer Sitte den Wohnsitz nachweist,
einen neuen Handyvertrag ein.
Die Daten seines neuen Vertrages manipuliert er anschließend per Internet. Nun braucht er nur noch am
richtigen Tag am richtigen Briefkasten zu warten, und
schon hat er eine neue offizielle Adresse.

LES PLAQUES D'IMMATRICULATION

A quoi servent les plaques d'immatriculation en France ?

En Allemagne, une telle plaque se compose de trois parties :
à gauche, la ou les lettres servant à indiquer une localité ;
plus elle est grande, moins il y aura de lettres. Par exemple :
B pour Berlin, **BN** pour Bonn et **BOR** pour Borken.
Au milieu, on a encore des lettres. Normalement, le pro-
priétaire du véhicule a la possibilité de choisir ces lettres,
par exemple AM pour Angela Merkel. Si Madame Merkel
veut rester incognito, elle choisira ses lettres favorites ou
laissera faire le hasard.
A la fin, il y a les chiffres qui, une fois de plus, pour-
ront être choisis s'ils ne sont pas déjà attribués.
Alois Mayer de Munich, qui est né le 25 février pour-
ra ainsi choisir la plaque suivante :
M-AM-2502

Si un jour vous êtes coincé derrière un chauffeur du dimanche
pendant une demi-heure, ou alors si au contraire un rustre de
la route vous fait une queue de poisson, vous saurez tout de
suite de qui il s'agit, et vous pourrez le dire aux policiers :
Willi Kaiser de Bergheim né aux alentours de la mi-
décembre !

En France, c'est tellement plus simple :
Depuis 2009, on y attribue des codes personnels alpha-
numériques ascendants non transmissibles, à la manière
des codes de la Sécurité Sociale.
Cela facilite grandement le travail aux ordinateurs.

Wozu gibt es in Frankreich Nummernschilder?

In Deutschland besteht ein Nummernschild aus drei Teilen:
links der oder die Buchstaben für den Ort; je größer
der Ort, desto weniger Buchstaben, z.B. **B** für Berlin,
BN für Bonn und **BOR** für Borken.
In der Mitte folgen wiederum Buchstaben. Der Besitzer des
Autos kann sie normalerweise aussuchen, also z.B. AM für
Angela Merkel. Möchte Frau Merkel inkognito bleiben,
wählt sie entweder ihre Lieblingsbuchstaben oder überlässt
es dem Zufall.
Am Ende folgen dann Zahlen, die wiederum gewählt
werden können, wenn sie nicht schon vergeben sind.
So wählt etwa Alois Mayer aus München, der am
25. Februar geboren wurde, folgendes Nummernschild:
M-AM-2502

Sollten Sie etwa eine halbe Stunde hinter einem Sonntags-
fahrer verzweifeln oder aber von einem Verkehrsrowdy
überholt werden, wissen Sie sofort, um wen es sich handelt,
und im Notfall melden Sie:
Willi Kaiser aus Bergheim geboren irgendwann Mitte
Dezember!

In Frankreich hingegen ist alles viel einfacher:
Seit 2009 wird dort ein nicht übertragbarer alpha-
numerisch aufsteigender Personalcode nach Art der
deutschen Rentenversicherungsnummer vergeben.
Das erleichtert dem Computer die Arbeit.

n'a rien à voir avec le féodalisme, comme bon nombre de mes élèves français croient le savoir. La République fédérale d'Allemagne est une république fédérale comme son nom l'indique, et non pas une «république féodale», ce qui serait une contradiction en soi.

Concrètement il existe seize «Länder», des régions ayant chacune :
leur propre parlement,
leur propre gouvernement,
leur propre constitution.

Dans chaque «Land» il y a donc un pourvoir législatif, un pouvoir exécutif et un pouvoir judiciaire, ce qui constitue en soi un état. En outre, chaque Land dispose de sa propre police et de son propre système scolaire, de son propre drapeau, et parfois même de son propre hymne !
«Dieu avec toi, toi, Pays des Bavarois … »

Tout ceci paraît peu crédible à première vue, et pourtant c'est vrai. C'est à cette fin qu'a été inventé l'échange scolaire.

La première chose que je fais avec mes élèves français : une visite au parlement du Land !

En France tout est tellement plus simple :
Qu'il s'agisse d'un département ou d'une région, chacune de ces entités politiques n'a pour façade que le conseil exécutif : le Conseil Général et le Conseil Régional.

Le seul interlocuteur de ces conseils est le représentant du président de la République en personne : le

hat nichts mit Feudalismus zu tun, wie viele meiner französischen Schüler zu wissen meinen. Die Bundesrepublik Deutschland ist, wie schon der Name besagt, eine föderale, aber keine «Feudalrepublik», was ein inhaltlicher Widerspruch wäre.

Konkret gibt es sechzehn autonome Länder, ein jedes mit je

einem eigenem Parlament,

einer eigenen Regierung und

einer eigenen Verfassung.

So besitzt jedes Land Legislative, Exekutive und Judikative, und das macht ja bekanntlich einen Staat aus!

Darüberhinaus verfügt jedes Land über eine eigene Polizei und ein eigenes Schulsystem, eine eigene Flagge und manchmal sogar über eine eigene Hymne!

«Gott mit dir, du Land der Bayern!»

Das glaubt auf Anhieb niemand, ist aber so. Deshalb wurde ja auch der Schüleraustausch in die Welt gesetzt!

Das erste, was ich mit meinen französischen Schülern mache: ein Besuch des jeweiligen Landesparlaments!

In Frankreich hingegen ist alles viel einfacher: Unabhängig davon, ob es sich um ein Département oder eine Region handelt, jede dieser politischen Einheiten hat – wenn auch lediglich als Fassade – ihren exekutiven Rat: den Generalrat und den Regionalrat. Ihnen steht als einziger Ansprechpartner die Repräsentanz des Staatspräsidenten in Person gegenüber: der Prä-

préfet du département*. Les départements existent depuis la Révolution Française; ils ont été créés pour mettre un terme au règne des princes sur les provinces et soumettre directement chacune des 101 entités actuelles au gouvernement central.

Ainsi, sous le règne de Napoléon, Hambourg portait le numéro de département 128.

* La fonction de préfet de région est exercée par le préfet du département dans lequel se situe le chef-lieu de la région.

fekt des Départements*. Die Départements bestehen seit der französischen Revolution, sie wurden ins Leben gerufen, um die Herrschaft der Provinzfürsten zu brechen und jedes der – mittlerweile 101 – Gebilde der Zentralregierung direkt zu unterstellen.

So war die Hansestadt Hamburg unter der Herrschaft Napoleons mit der Départementnummer 128 gelistet.

---

* Die Funktion des Regionalpräfekten wird jeweils in Personalunion von dem Präfekten des Départements ausgeübt, in dem sich der Hauptort der Region befindet.

Dans ce domaine les Français sont incontestablement
le numéro 1 de l'Union européenne :
A ce jour (2012), la France est en tête de classement
des 27 en ce qui concerne le taux de natalité, à savoir
deux enfants par femme.
A côté, les femmes allemandes n'ont pas fière allure
avec leurs 1,36 enfants par femme.
Et je crois en connaître la raison :
les Allemands comprennent l'expression « amour à
la française » * complètement de travers …

* en allemand : « französische Liebe » = rapport sexuel oral

SEXUALITÄT

Auf diesem Gebiet sind die Franzosen in der Europäi-
schen Union einsame Spitzenreiter:
Von den heute (2012) 27 Mitgliedsstaaten liegen sie
mit einer Geburtenrate von zwei Kindern je Frau ganz
oben.
Die deutschen Frauen stehen dagegen mit einer Rate
von 1,36 Kindern weit unten.
Ich glaube, ich weiß warum:
Die Deutschen verstehen den Begriff «französische
Liebe» völlig andersrum.

Qu'est-ce qui distingue les partis politiques français
des partis politiques allemands?

Des deux côtés nous avons un parti De Gaulle comme
un parti Adenauer, sauf que le premier nommé se
trouve dans un état de révolution et de refondation
permanent.

En France, le parti dit populaire de gauche n'a
toujours pas voté son «programme de Godesberg».

Il n'y existe pas de parti libéral, puisque «libéral» est
un gros mot en France, interprété comme «libéra-
lisme manchestérien». Ses camarades se cachent dans
les partis «républicains», à gauche comme à droite.
République dans le sens d'état minimaliste.

Les Verts évoluent d'un côté du Rhin comme de
l'autre dans un processus naturel de découverte de soi.

L'extrême-droite affirme haut et fort et n'importe où
qu'eux-mêmes ne sont pas des étrangers et l'extrême-
gauche se prévaut à l'Ouest encore du maoisme, du
trotskisme, du léninisme ou d'autres croyances, et
renie tout à l'Est.

Ce qui est intéressant, c'est que, pour des raisons
étroitement liées à son histoire et à sa démographie,
l'Allemagne compte un parti de seniors et «les Pi-
rates», la France un parti royaliste* et le parti des
chasseurs**.

---

* «l'Alliance Royale»
** «Chasse, Pêche, Nature et Traditions»

Was unterscheidet die französische Parteienlandschaft
von der deutschen?

Auf beiden Seiten gibt es jeweils eine de Gaulle-
wie eine Adenauerpartei, nur dass sich erstere in
permanenter Revolution immer wieder neu gründet.

Die sogenannte linke Volkspartei steht in Frankreich
noch vor ihrem « Godesberger Programm ».

Eine liberale Partei gibt es dort nicht, denn « libe-
ral » ist in Frankreich ein Schimpfwort, verstanden
als « Manchester-liberal ». Ihre Anhänger verstecken
sich meist in « republikanischen » Parteien, links wie
rechts. Republik im Sinne von « Nachtwächterstaat ».

Die Grünen wachsen hier wie dort in einem natürli-
chen Selbstfindungsprozess.

Die Ultra-Rechte schreit, egal wo, dass sie selbst keine
Ausländer seien, und die Ultra-Linke beruft sich im
Westen noch auf maoistische, trotzkistische, leninisti-
sche und sonstige Bibeln, was sie im Osten vehement
leugnet.

Interessant ist, dass es geschichts- und bevölkerungs-
spezifisch in Deutschland eine Senioren*- und eine
Computerpartei**, in Frankreich eine Adeligen- und
eine Jagdpartei gibt.

---

*   Deutsche Seniorenpartei (DSP)
** Piratenpartei

LES ŒUFS

En Allemagne, il ya a
les œufs durs et les œufs à la coque,
les œufs brouillés et les œufs au plat,
avec du jambon ou gratinés avec du fromage.
Il y a de la salade de pommes de terre aux œufs,
ou encore des épinards aux œufs, sauce moutarde.

En France, il y a des œufs de cailles, de poules, de
canards et d'oies.

EIER

In Deutschland gibt es
hart- und weichgekochte Eier,
Rühreier und Spiegeleier,
mit Schinken oder mit Käse überbacken.
Es gibt Kartoffelsalat mit Ei
oder Spinat mit Ei und Senfsoße.

In Frankreich gibt es Wachtel-, Hühner-, Enten- und
Gänseeier.

en France ? Non, pas vraiment.

Le baroque fut le prix à payer pour une guerre de religion qui sévit une centaine d'années au XVIe et au XVIIe siècle.

Après avoir mis hors-jeu les protestants avec l'Édit de Nantes (1598), une guérilla peu documentée a remis la royauté catholique en prison derrière ses murs gothiques.

Quand Louis XIV décida de s'installer à Versailles, il opta pour une architecture plus modérée : le « classicisme ».

Un terme comme « bière sans alcool ».

in Frankreich? Nein, nicht wirklich.

Dies ist der Preis, den Frankreich für den hundert Jahre andauernden Religionskrieg im 16. und 17. Jahrhundert zahlen musste.

Nachdem die Protestanten durch das Edikt von Nantes (1598) matt gesetzt waren, entbrannte ein bis heute kaum beschriebener Guerillakrieg, der das nun wieder katholische Königshaus zu Gefangenen hinter den alten gotischen Mauern machte.

Als Ludwig XIV. schließlich um 1665 seinen Sitz nach Versailles verlegte, entschied er sich für den moderateren Baustil des «klassizistischen Barock».

Ein Begriff wie «alkoholfreies Bier».

Il en existe aussi en France. On peut les appeler « Madame » sans retenue, même si on ne connaît pas leur nom.

Pour des femmes plus jeunes et identifiables en tant que telles, comme pour les vieilles filles, « Mademoiselle » est plus approprié.

En revanche, vous pouvez appeler « Monsieur » même les garçons les plus juvéniles. Certains garçons ne relèvent même plus cette réprimande.

Le surnom de « petit bonhomme » n'est plus admissible de nos jours pour les grands bonhommes que dans le cercle familial.

gibt es auch in Frankreich. Man kann sie hemmungs-
los mit «Madame» ansprechen, auch wenn man ihren Namen nicht kennt.
Bei jüngeren Damen, die als solche erkennbar sind,
wie auch bei älteren Mädchen sollte man auf «Mademoiselle» hinunterschalten.

Männer hingegen können Sie auch im zartesten Alter
mit «Monsieur» anreden. Manchen Knaben fällt der
Tadel darin nicht einmal mehr auf.
Der Spitzname «Kleiner Mann» ist für große
Männer heutzutage nur noch im Familienkreis
statthaft.

Quand les Berlinois, hommes et femmes, jouent au ca-
méléon urbain en dessous du cou, les Parisiens, et surtout les Parisiennes ne lésinent pas sur l'impression
électrisante qu'elles laissent aux passants – même en
hiver : Elles foncent droit devant et leur regard déter-
miné ne fait qu'un avec la pointe de leur bottines.
Vous êtes sans cesse environné par le claquement de
leurs talons qui s'accorde avec le rythme spécifique
au flot roman de paroles. Noir sur noir, les mini-
jupes avec les collants ton sur ton sont en contraste
direct avec la lenteur slave des lourdes pelisses et des
épaisses chaussures berlinoises.
L'électricité parisienne n'est atténuée que par les
combinaisons vestimentaires de la classe moyenne
masculine : du jaune avec du vert, du violet avec du
rose, pour l'employé français tous les moyens sont
bons lorsqu'il s'agit de prouver qu'on le force à tra-
vailler.

Wo sich der Berliner, männlich wie weiblich, unterhalb
des Halses in seiner Umwelt gekonnt wegretuschiert,
hinterlassen insbesondere die Pariserinnen auch im Win-
ter einen geballt geladenen Eindruck, der stromlinien-
förmig von dem entschlossen zielgerichteten Blick bis
zur Spitze der Stiefeletten geht.
Ununterbrochen klackern ihre Absätze in dem Rhyth-
mus, der dem romanischen Redeschwall eigen ist.
Schwarz über schwarz, schnittige Röckchen über pas-
senden Strumpfhosen in direktem Kontrast zu mantel-
beladener slawischer Behäbigkeit auf den Plattsohlen
der Bärin.
Aufgelockert wird diese Pariser Elektrizität nur von
den ungewollt komischen Mittelstandskombinationen
der Herren: gelb auf grün, lila auf rosa, der angestellte
Franzose scheut vor keinem Mittel zurück, um kraft-
voll zu demonstrieren, dass man ihn zum Arbeiten
gezwungen hat.

Elles sont super sécurisées. Surtout quand elles sont éteintes, et puis elles n'auraient pas été construites si elles n'étaient pas sûres, dit le ministre français concerné. Et puis, ce sont les plus vendues parce que pour une fois les étrangers ne sont pas bêtes.

Et à y regarder de plus près le ministre compétent a entièrement raison !

Les centrales nucléaires françaises sont tellement sûres que la jeunesse locale est invitée à faire de la natation et à canoter dans sa rivière de refroidissement.

Les centrales nucléaires françaises sont tellement sûres que ces mêmes jeunes peuvent consommer le poisson fraîchement pêché sur le camping de la centrale.

Les centrales nucléaires françaises sont même tellement sûres que l'association des pêcheurs élève des truites dans le bassin de refroidissement.

Et pourquoi cela ne choque-t-il personne ? Et bien tout bonnement parce que tout le monde est bien informé : dans le cas le plus improbable où il se produirait vraiment quelque chose, bien fermer les fenêtres et attendre le bus, comme c'est expliqué dans les dépliants distribués à 25 kilomètres à la ronde avant Noël. Et puis, comme c'est bientôt Noël :

Dans cette brochure on trouve des coupons pour obtenir des cachets d'iode gratuits – à la pharmacie la plus proche !

J'ai oublié à quel moment exactement il faut prendre ces cachets : avant ou après manger, ou juste avant l'irradiation.

Il n'y a jamais eu d'incident atomique grave en France !

Sie sind super sicher. Auf jeden Fall, wenn sie abgeschaltet sind, und dann wären sie ja auch gar nicht erst gebaut worden, wenn sie nicht so super sicher wären, sagt der jeweilige französische Minister. Außerdem sind sie die meistverkauften, weil die Ausländer ausnahmsweise mal nicht blöd sind: Und wenn wir genauer hinsehen, hat der zuständige Minister ja auch vollkommen recht!

Französische Atomkraftwerke sind so sicher, dass Kinder- und Jugendgruppen aus dem Umland eingeladen werden, im Kühlwasserfluss zu schwimmen und zu rudern.

Französische Atomkraftwerke sind so sicher, dass sich dieselben Jugendlichen im Zeltlager des AKW-Geländes mit selbstgefangenen Fischen versorgen können.

Französische Atomkraftwerke sind sogar so sicher, dass auch der Anglerverein Forellen im Kühlwasserteich aussetzt.

Und warum regt sich niemand darüber auf? Na, weil ja jeder hinreichend informiert ist: Sollte der quasi unmögliche Störfall doch eintreten – «Fenster schließen und auf den Bus warten», steht in der jährlich vor Weihnachten an alle Haushalte im Umkreis von 25 Kilometern verteilten Broschüre. Und dann, weil ja Weihnachten vor der Tür steht:

Gegen den Abrisscoupon in der Broschüre gibt es hinreichend Jodtabletten für umsonst – und das schon in der nächsten Apotheke!

Ich hab' vergessen, wann man sie einnehmen muss: vor oder nach dem Essen oder nur unmittelbar vor der Verstrahlung.

Schwere Störfälle gab's in Frankreich noch nie.

Ensuite les propres directeurs de la centrale de même que les encore plus belles directrices ainsi, vêtus de casques de sécurité et de grosses bottes, prendront l'apéro devant la caméra, dilueront leur pastis avec de l'eau de refroidissement. Grand sourire, Santé ! – et cul sec. Les filous : ils ont piqué cette scène de ‹Titanic›* après Tchernobyl. Et tout ça malgré l'interdiction de la publicité pour l'alcool à la télé !

* Magazine satirique allemand

Anschließend müssen die properen Atomkraftdirekto-
ren und noch hübscheren -direktorinnen mit Schutz-
helmen und Gummistiefeln vor der Kamera ihren
Anisschnaps mit dem Kühlwasser auffüllen, sich la-
chend zuprosten und die Brühe hinunterkippen. Das
haben die Schelme aus der ‹Titanic› nach Tschernobyl.
Und das, obwohl Alkoholreklame im Fernsehen verboten ist!

Il s'agit de la fête républicaine par excellence !
Elle se déroule toujours le deuxième jour ouvrable
de septembre. *Tous* les élèves de la République se
donnent rendez-vous vêtus de leurs plus beaux habits
devant d'anciennes ou futures casernes, et *donnent
en sacrifice* les « nouveaux effets scolaires » à leurs
profs dépressifs et souvent déjà remplacés. Ces effets
scolaires sont de précieux articles conseillés par les
professeurs, financés par l'Etat, mais choisis par les
élèves eux-mêmes. Ils renvoient à une époque où les
jeunes gens étaient encore contraints à apprendre avec
le matériel le plus rudimentaire.
Bien entendu, on ne travaille pas ce jour-là, ni la
veille d'ailleurs, cette période étant consacrée aux re-
trouvailles festives des professeurs après deux mois
de vacances.

Der republikanische Feiertag schlechthin! Er wird immer am 2. Werktag im September gefeiert.
Alle Schüler der Republik treffen sich festlich gekleidet vor ehemaligen oder zukünftigen Kasernen* und *opfern* ihrem depressiven, meist bereits ausgewechselten Lehrpersonal die sogenannten «nouveaux effets scolaires»**. Dies sind wertvolle, von den Lehrern aufgelistete, vom Staat bezahlte, jedoch von den Schülern selbst ausgesuchte Artikel, die symbolisch auf eine Zeit zurückweisen, in welcher junge Menschen noch mit primitivsten Materialien zur Bildung genötigt wurden.

Selbstverständlich wird an diesem Tag nicht gearbeitet, genauso wenig wie am Tage zuvor, der erste Werktag im September nach zwei Monaten Ferien, den die Lehrer nur unter sich festlich begehen.

---

* Französische Schulen sind eingezäunt oder ummauert.
** Deutsch: «die neuen Schulsachen»

Dans la mesure où chaque civilisation est basée sur une agriculture diversifiée, et où la Seine ne traverse même pas la moitié du désert comme le Nil pour arriver à destination bien avant son embouchure, une évolution de la culture humaine est en fait impossible.

DIE PYRAMIDE VON PARIS*

Insofern jede Zivilisation auf diversifizierter Landwirtschaft gründet, und die Seine nicht einmal halb so viel Wüste durchquert wie der Nil und schon weit vor der Mündung zum Ziel kommt, ist jede Höherentwicklung menschlicher Kultur faktisch ausgeschlossen.

---

* Die Glaspyramide vor dem Louvre wurde unter der Herrschaft François Mitterands (1981-1995) errichtet.

LE PARADIS

Où se trouvait le paradis terrestre? Les Allemands
emploient l'expression: «vivre comme Dieu en
France.» Ils décrivent ainsi un état d'extrême félicité. Par conséquent, le paradis pourrait bien se situer en France. Mais pour une fois, les Allemands
ne sont pas allés au fond des choses.

Rattrapons cela, mettons-nous au travail, procédons méthodiquement: deux individus seulement
peuplaient le paradis. Ses limites géographiques ne
peuvent donc en aucun cas avoir été celles de l'Hexagone. Où, à l'intérieur de ce pays, Eve a-t-elle bien
pu cueillir la pomme fatale? Réfléchissez donc un
instant … Où y a-t-il ces pommiers si tentants?
En Normandie, pardi!

Les Normands eux aussi font un rapprochement
entre leur région et le paradis – il est un peu différent de celui des Allemands: Dieu nous devait bien
une petite compensation pour nous avoir chassés
du paradis, disent-ils; il nous a donné le cidre et le
calvados.

DAS PARADIES

Wo war das Paradies? Die Deutschen kennen die Redewendung « Leben wie Gott in Frankreich ». Sie bezeichnen damit einen Zustand höchster Glückseligkeit. Demnach könnte das Paradies in Frankreich gelegen haben … Doch ausnahmsweise sind die Deutschen dem Problem bisher nicht auf den Grund gegangen.

Holen wir es nach, packen wir es an, verfahren wir systematisch: Zwei Menschen nur haben den großen Garten bevölkert. Seine geografischen Grenzen können unmöglich die des « Hexagon », des sechseckigen Landes gewesen sein. Wo innerhalb dieses Landes mag Eva den fatalen Apfel gepflückt haben? Denken Sie doch einen Augenblick nach … Wo gibt es diese verführerischen Apfelbäume? In der Normandie ! Also !

Die Normannen bringen ihre Region ebenfalls in einen Zusammenhang mit dem Paradies – aber in einen etwas anderen als die Deutschen. Sie sagen: Gott war uns eine kleine Wiedergutmachung schuldig dafür, dass er uns aus dem Paradies vertrieben hat; darum hat er uns den Cidre und den Calvados geschenkt.

Bitte fordern Sie unseren Prospekt an unter
zweisprachig@dtv.de oder besuchen Sie uns im Internet
unter www.dtv.de
Deutscher Taschenbuch Verlag
Friedrichstraße 1a
80801 München